JN437754

청동거울

청동거울

서인숙 시집

Poems by Seo Insuk

동학사

서인숙 徐仁淑

1931년생

1965년 『현대문학』에 수필 「바다의 언어」,

1979년 시 「맷돌」이 문학평론가 조연현 추천을 받아

문단에 나옴

시집 『살아서 살며』 『먼 훗날에도 백자는』

『그리움에 남긴 자리』 『세월도 인생도 그러하거늘』

『오렌지 햇빛』 (2002년 문예진흥원 우수도서),

시선집 『조각보 건축』, 수필집 『타오르는 촛불』

『최후의 지도』 『태고의 공간』 『영원한 불꽃』

『고대의 향수』 등이 있음.

수상

한국수필문학상 수상

경상남도 문화상 예술부문 본상 수상

마산시 문화상, 우봉문학상 수상

경남문학상, 경남예술인상 수상

마창불교문학상 수상

한국문인협회 이사 역임

한국여류수필가회 회장 역임

한국문인협회 마산지부장 역임

국제펜클럽 경남지회장 역임

현재

국제펜클럽한국지부 자문위원

한국시인협회 회원

한국수필가회 이사

경남문인협회 고문

■ 시인의 말

문학이 무엇인가 시詩가 무엇인가
이 의문의 소용돌이 속에서 시가 방향을
잃을 때가 있다.
현대예술의 경계가 허물어지고
예술과 건축, 과학과 문학이
아우르는 아이디어의 산물.
이런 시대에 살고 있는 문학.

시는 믿음이고 종교 같다.
진실로 신에게 감사드린다.

시선집 『조각보 건축』 이후 여러 문예지에 발표한 것과
미발표작을 한데 묶었다. 시를 사랑하는 이에게 한아름
꽃다발이고 싶다.

2016년 봄
서인숙

서인숙 시집_ 청동거울

차례

■ 시인의 말 5

■ 작품 해설 121

시간이 없네 • 11

적막의 반란 • 12

빈 항아리 • 13

와당 마을 • 14

첨성대 • 15

실패 • 16

청동거울_ 소멸 • 17

청동거울_ 무상 • 18

청동거울_ 사랑 • 19

달 항아리 • 20

천 년의 꽃 • 21

수막새 • 22

토기의 말 • 23

신의 캔버스 • 24

전위 예술 • 25

아름다운 괴물 • 26

음악에 살아났다 • 28

바다 음악 • 29

책의 숲 • 30

백지 • 31

돌의 고향 • 32

적막의 낙원 • 33

햇빛 나무 • 34

연꽃 약속 • 35

고목, 빗소리 • 39

겨울새 • 40

산그늘의 봄 • 41

꽃샘추위 • 42

춘란, 노래하는 • 43

봉숭아 이별 • 44

회색 • 45

여백 • 46

시인의 감나무 • 47

그 소리 바라보는 • 48

얼굴 그리기 • 50

유성流星 51

허공의 시 • 52

태양신의 꽃 • 53

아들의 종교 • 54

박쥐 • 55

석불의 반란 • 56

나부裸婦 • 57

침묵의 길 • 58

성城 • 60

오늘의 과거 • 61

돌아가는 길 • 62

맨발로 가는 길 • 63

침묵의 말 • 64

목어 • 65

미소 • 66

3

모정母情 • 69
새벽 섬진강 • 70
적막 • 71
사막의 바람 • 72
하늘 • 73
영혼의 집 • 74
눈물 샘 • 75
합포만의 노을 • 76
별 통신 · 1 • 77
봄은 꽃으로 살아 • 78
파도 위를 걷는다 • 79
잃어버린 길 • 80
흐르는 강물 • 81
마주친 눈 • 82
별똥별 • 83
밤길 • 84
공중도시 • 85
어시장이 출렁인다 • 86
물종이 • 87
그림자 • 88
돌 • 89
아침 마음 • 90
나이테의 삶 • 91
마음 꽃 • 92
나무새 • 93
꽃게 행렬 • 94

4

능선의 하루 • 99
달빛 얼굴 • 100
골목대장 • 101
물꽃 섬 • 102
마주친 눈 • 103
약속 • 104
바다의 말 • 105
모래밭 • 106
무학산 가을 • 107
비내리는 만추 • 108
만추사발 • 109
억새꽃 • 110
춘란의 미소 • 111
하늘 정원 • 112
꽃들의 강 • 113
나무 시 • 114
석류 마음 • 115
소나무 사람 • 116
그 울음 • 117
얼굴 그리기 • 118

고려동경 高麗銅鏡 (국립중앙박물관)

Poems by Seo Insuk

서 인 숙 시 집
청 동 거 울

part 1

시간이 없네

나의 시간은 없네
바보 같이 바보가 되어
종일 나뭇잎만 쳐다보네

뙤약볕 사이
구름 한 점 머물고 간 잎사귀
사랑을 하였지 나부끼며 떨고 있는 흔들림
왠지 슬퍼 바람에 기대네…
부끄러워 고개 숙이네

나의 시간은 없네
나무 잎사귀 속에 내가 있네

저 산 넘어
줄줄이 모양내어 몰려오는 구름떼
잎사귀들이 함박웃음 띄우며 마중하네
온통 나무 잎사귀들의 세상

아무래도 나의 시간은 없네

적막의 반란

적막이 지겨웠던가
가만히 있는 사발을 탕! 손끝으로 튕겼다
그 소리 날개를 단 듯 창밖으로 뛰었다
미안 해 미안 해…
두 손을 흔들며 놀란 가슴 다스렸다
창을 기웃거리는 둥근 달
무슨 소리 엿듣는가
오백 년 침묵이 소리 내고 싶어
어떻게 참아 왔는가
그렇게 고운 소리 한 번도 내지 못했을까
달빛 소리. 별빛 소리
가슴에 흐르는 눈물 소리
소리소리 고운 소리
조선 사발이여!

빈 항아리

텅텅 비어 있어
하얗게 풍만한
소리 없는 언어의 메아리
들을 수 없어
볼 수도 없는 깊이
말할 수 없는 마음의 고뇌가
신비에 도달한
원의 초상

놀 안고 돌고 돌아
지평선에 기우는 햇덩이
우주가 정좌하는 기도의 모습이다

밤이면 수많은 별들이 새겨
달빛의 붓놀림
조선의 산수를 그린다

새벽 허허한 공허 속에서
무수한 색색을 숨겨
오직 저만의 흰빛으로
대자연을 품는다

와당 마을

지들이 살던 지붕을 떠나 여기
옹기종기 작은 마을을 이루고 있다
용이며 호랑이며 연꽃을 새긴 문양이
천오백 년을 훌쩍 넘어 오늘이 듯 생생하다

마을은 소리 없이 요란하다
해 저물어 그들도 외로운가
두고 온 깃발을 나부끼며
그때 그 이야기로 분주하다

나는 그들에 끼어 연꽃 같은 말을 건네며 어울렸다
그들이 내가 되고 내가 그들이 되는 순간
침묵 속에 갇혔던 무수한 언어들이 줄줄이 나왔다

무슨 말인가
와당의 문양을 닮은 말들이
내 세월을 열어
한 생의 자화상을 그려 놓는다

첨성대

과거로 돌아 갈 수 없어
오늘에 있어도 신라라는 이름으로
천오백 년을 살아왔다
시대가 수 없이 바뀌어도
세상이 이토록 변해가도

너는 너로만 우뚝 서 있는 장엄함이 자랑스럽다
유년의 수학여행 때
너를 바라보며 가슴 뜨거웠던 기억은
오늘에도 뜨겁다

너와 내가 역사라는 긴 행로에서 만나
나는 가고 너만 남겠구나
가을 햇살아래 낙엽처럼
소리 없는 마음으로 영원을 바라보았다

실패

그렇지
자유로이 날고싶어 여기와 실타래를
줄줄이 풀어놓구나
누구의 목을 감고 천년으로 달리던
옛 전설의 노래가
이 밤 울울이 들리는 가을 빗소리
저 창 밖 별을 감춘 어둠이 한사코
소리 지르는 한은 무엇인가
이승과 저승을 묶어놓은 가녀린
실오라기는 막힘 없이 넘나드는 새의 현상이다,
오백 년 소리로 실을 풀어놓는
어느 아낙의 숨소리가 내 숨소리와
아우르는
아, 날고 싶은 꿈이여

청동거울

-소멸

약속했던 삶
어길 수 없어
저 거울 속에서 푸른 죽음으로
천사백 년을 살아 온 그 움직인다
소리 없이 아수성이다
살고 싶어 인간으로 돌아가고 싶어
약속은 죽음이다
다시는 돌아갈 수 없는 세상
원죄는 죄를 짓고 죄는 인간의 몫이다
천둥 번갯불의 소용돌이
하늘 땅이 요동친다
푸른 거울이 하얗다
어둠의 어둠
아무 것도 없다

청동거울

–무상

시퍼렇게 둥근 모습
천사백 년을 흙에서 살다
세상에 나왔구나
누군가 그 세월 속에서 얼굴을 내민다
사람 아닌 사람
죽음의 사람
깊은 밤
무서운 적막
달빛마저 숨어 버린
시간은 간 데 없다
어딘가 짐승의 울음소리
그 소리에 놀란 해골이 자기를 바라본다…
신은 그 삶을 허용했다
구름처럼 피어나는 얼굴
영혼의 모습이다

청동거울

–사랑

시퍼렇게 멍든 사람
아프게 슬픈 얼굴이여
피 비린내 흙의 향기로 살아 온
선사시대
죽어도 죽지 않은 한 세상의 목숨이
해골로 울지 않은 울음으로 통곡한다
사랑에 목숨을 걸어도 좋은 자유를
신은 선물했다
선물은 괴롭고 아파도 사랑은
아름다워라
저 시퍼런 갈증
영원은 어디에 있는가
그립다
그리움은 강물로 흐느낀다
사랑이 죽음이 된 청동 꽃이여

달 항아리

달을 바라보며
달 항아리를 갖고 싶어
마음속에 달을 품었다

어느 세월
달 항아리가 내게 왔다
하얀 빛깔로
하늘에 둥둥 떠 있어
무늬 없이 허공이다
아무도 닿을 수 없는
아집의 속살에 조선의 사랑이 있다

우물 속에서
물의 환생으로
태어난 달
물로 말하고 빛으로 생각하는
물의 꽃이여
항아리의 물이여
달을 보며
달 항아리를 품었다

천 년의 꽃

신라가 버리고 간
석탑 받침대가 내 뜰에서
연화문 새긴 연못이 되었네

얼마만인가
오랜 기다림은 슬픔이 되어
슬픔을 박차고 연분홍 수련이
솟아올랐네
밤하늘 모퉁이 조용히 핀
별의 마음 같다네

석탑이 화두를 잃어
그 울음 바람 되어
연못을 맴도는 날
내 안에 석탑 하나 세웠네

빗살무늬 자욱한 토기 천 년의
꽃 같은…

수막새

허물어진 지붕 따라 사라질 수 없어
천년을 흙 속에 숨었다가
여기 태양 앞에 나타난
흙의 메아리
웃고 있는가 울고 있는가
사람 아닌 짐승 같은
짐승 같은 사람의 얼굴
살아있어 미안하지 말라
저기 많은 동료들이 고려와 조선의
이름표를 달고 양양하게
제 모습 빛내고 있지 않은가
살아살아 영원 없는 모습 앞에
부러움이 슬프다
어쩌랴
돌아갈 시간 속에
즐거움과 기쁨을 안겨주나니
수막새여
어딘가 소리소리
그대들 소리 부르는가

토기의 말

토기의 말을 듣는다
오랜 세월의 친구이다
바라보면
흙냄새 자욱한 천 년의 기백으로
빗살무늬 새긴 신라의 정수다

꽃을 꽂아보아도
물을 담아 보아도
도무지 어울리지 않은
그 모습 그대로의 조용함이다

그가 우뚝 보이면
모든 것이 숨어 버린 듯
당당함이여

그 언어는 역사이다
신라의 혼이다
영원으로 가는 길목이다
토기의 말을 듣고 있다
천오백 년에 살고 있는 나

신의 캔버스

세상은 신의 캔버스다
에덴에서 쫓겨난 인간은
행복과 불행을 안고 한 생을 살게 되었다
그곳에 자연을 선물 받았다

신은 붓을 들어
세상에다 붓놀림을 했다
지혜와 고통을 하늘이고자
별이고자 꿈을 키우는 자유를 그렸다

삶은 아프다
기쁨 뒤에 오는 알 수 없는
설렘은 저버릴 수 없는
욕망의 씨앗
그마저 먹구름으로 찍어 내는 그림

신의 캔버스엔
관용과 초월의
성화로 가득하다

기도로 그 그림을 감상하는 사람
오월이 연두색으로 저무는 시간이다

전위 예술

여름이 지난 시간의 끝자락
식탁에 앉은 빈 접시는 새로운 과일을 탐내고 있다
떠난 수박이 흘린 물방울이 봉숭아꽃으로 피어난다
이 땅 옛 마을의 어머니 같은 봉숭아를 좋아하는 접시
접시가 비어 갈증을 일으킬 때
석류가 감 몇 개를 데리고 접시에 앉았다
가을이 오는 소리
소리는 모차르트 음향이다
모두가 쥐 죽은 듯 음향에 빠져 출렁거린다
무슨 그림인가 난해하다

아름다운 괴물

–화가 니키 드 생팔

사람이 동물로 변신한
뱀, 호랑이 개이며 고양이들이
여기 앉아 저기 서 있다
무수한 색깔의 옷을 걸친 아름답거나
오묘한 모습이다

세상을 벗어나 다른 세상을
꿈꾸는 꿈의 생명들
말은 말이 아닌 마음이다
마음이 분노의 선을 넘을 때
나무요 꽃이며 하늘이
니키의 관용이다

괴물이요 동물같은
조각과 그림은
세상을 향한
남성을 향한
고발이요 저항이다

여자를 넘어 인간이란 아우성
니키의 사상이다

동경의 가을
햇살이 소나무를 스치며
사라져 가는 시간
나는 이국 땅을 밟으며 무한의 하늘을
바라보았다

음악에 살아났다

만추의 밤
베토벤 교향곡 9번을 듣는 마음
마음은 낙엽되어
어디론가 날아갈 듯 날 수 없어
음향 속에 빠졌다

살아 죽다가 없는 길에서
잃어버린 자기를 찾아 헤매는 미로
거기 마주하는 고독
한 소절 음향이 된다

음향 속에 나타난 지구와 세상이
휘몰고 휘몰다 한 알의 모래로
살아 살게 한다

3악장에서 얼음처럼 굳어진 마음
호수의 물방울이 일렁이는 정적 이전의 무한
그 시간을 붙든다

마지막 합창에서 인간의 소리
인간이 인간으로 돌아가는 길이 열린다
자유이게 한다

바다 음악

파도가 굽이쳐 굽이칠 때
파도는 노을에다 악보를 만들었다
세상에 없는 음악을 만들고 싶은 바다의 소망이다

하늘의 소리는 구름으로 무늬 그려
풀지 못한 상처의 언어들이 악보에 앉는다
모래펄에 서성이던 조개의 울음은
속살을 뜯고 간 누구인가
말 못하는 마음이 노을에 찍힌다
뱃고동 소리 갈매기 소리
소리, 소리들이 모여 미완의 악보가 완성되었다

노을은 악보를 펼쳐
천지사방을 향해 음반을 두드린다
차이콥스키 교향곡 보다 브람스 곡보다
더 위대한 교향곡
바다의 교향곡이다
그 음향을 듣고 있는 섬, 섬들

책의 숲

책이 산이 되었다
숲을 이뤘다
산을 넘어 숲의 오솔길을 걸으면서
지혜와 만나고 지식과도 만나
문자의 언어 속에서 얼마나 위대한 꿈을 키웠던가
문학이란 대해를 헤엄칠 수 있었다
이제 비우고 버려야 할 세월이 왔다
많은 책을 현관 밖으로 밀어냈다
책이여 이별이여
그러나 남은 책은 미래의 대지이다
세계를 돌고 돌자
전 세계를 뛰어보자
바람이 책장을 넘겨주고 있다

백지

언제나 혼자인 나를 쓰고 싶다고
언제나 혼자인 혼자를 즐기는
나를 쓰고 싶다는 말은 하얗다
비어 있는 공간 사이 길을 걷는
마음은 말을 잃은 채
생각만 자욱한 거리
외롭지 않다는 말은
허공에 떠돌고
갈 길을 잃은 행간에 기다림이 쓰리다
어디선가 불쑥 내미는 무엇, 알 수 없다
어느 도시 어느 시간 누구나 한 번쯤
파괴를 꿈꾸는 소멸과 재생의
상상을 쓰지 않았다

돌의 고향

언덕에서 굴러 떨어진 돌이
강물을 마시고 있다
돌의 몸속으로 흘러 간 강물은 때론 쏟아지는 눈물 되어
어느 세월 상처 난 곳을 울어준다

겨울비 고목에 매달린
몇 개의 잎사귀마저 떨어뜨려 시간을 재촉한다
허공처럼 텅 빈 심장이
인정이라는 말 사랑이라는 말 도덕이라는
말들이 꽃보다 아름답다는 걸 생각한다

사람도 꽃보다 아름다운가?
강물이 바다로 흘러갔다
물을 마신 돌들은 바다 깊은 곳이
태초의 고향이라 망향의 노래를 목청껏 부른다

적막의 낙원

적막이 생활입니다
그 깊은 곳엔 커다란 강이 있지요
외로움과 쓸쓸함이 쌓여 물결로 일렁이며
인내와 고통이 물빛으로
피어오르는 낙원입니다

그곳에서
밤이면 별을 만나 동화를 엮고
달빛과 어울려 황금빛 옷을 입고
춤을 춥니다

아무도 모르지요
아무도 없는
맑고 투명한 유리알 같은 시간의
충만이 기쁨으로 가는 수레를 끌고
주어진 세월을 갑니다

맑은 하늘이 되고 생각은 땅이 되어
커다란 공허는 언제나 무엇이
빈 곳에 가득하리라는 꿈이 있습니다
적막의 낙원입니다

햇빛 나무

나무 없이는 살 수 없어
산은 말하였다

나무가 무성하여 참으로 행복하다고
숲은 말하였다

나무 없이는 살맛이 없어 좁은
테라스에 갖가지 나무를 심었다

어언 한 세월 이제
나무 말을 들을 수 있다

햇빛 그리워 나무가 울고 있다
햇살 자욱한 곳에 옮겼다

그는 꽃을 피우며 무성한 나뭇잎을
거느리는 고목이 되었다

고목은 자연의 언어로 침묵한다

연꽃 약속

저 남쪽
구름 휘감아 손짓 발짓 하는
아, 연꽃 폭발
붉게 하얗게 꽃피워 양산같은 연잎
쓰고 싶어
하늘로 하늘로 뻗어가는 줄기
어느 하늘에 닿고 싶은가
그곳은 감히 신의 나라
색과 선의 교향곡이 울리네

청개구리 연잎마다 깡충거리며
파문을 일으키는 물의 축제
여름이 미소 짓는구나

태양은 불꽃 쏘네
세상일 모르겠다 던져버리고 고목이 거느리는
나뭇잎 사이 불어오는 바람 되어 시간을 잊었네

문득 어긴 약속의 아픔이 아프게 하네
꽃은 어김없이 피고 있는데

고려동경 高麗銅鏡 (국립중앙박물관)

Poems by Seo Insuk

서 인 숙 시 집
청 동 거 울

part 2

고목, 빗소리

들녘 한 가운데
우뚝 솟은 나무 한 그루
빗소리를 듣고 있다
살아 온 세월을 본다

비에 젖은 나무
때로는 흔들리는 외로움 있어
빗방울로 상처 달랜다
내 소리는 간 데 없어
그대 살아온 영혼의 언어를 베낀다

마음 깊을수록 소리 없는 말
한 잎 나뭇잎으로 살아
세상의 소리를 듣는다
가장 낮은 음반을 두드리며
제 소리를 듣는 나무
나무는 빗소리를 듣는다

겨울새

울고 있는 것은 너만이 아니다
바람 불어 나뭇가지 흔들리는
몸짓은 외로움 때문이다
비가 내린다
골목 어귀 웅덩이에 고인 빗물은
바다에 가고 싶어 물비누 솟는다
부슬부슬 봄비에 젖은 발목은
어딘가 훌쩍 떠나고 싶은 안달에
발목을 삔다
가을 해 지는 언덕에서
도시를 향해 소리치는 눈망울은 아픔이다
한사코 울고 싶은 마음은
너만이 아니다
갯벌에 주저앉아 목 놓아 울고 있을 즈음
꽃게 시름시름 앓는 소리
노을 쏟아진다
울고 있는 것이 너만이 아니다

산그늘의 봄

산은 제 모습 모른다
모르는 아픔이 있다
화창한 봄 날
산은 제 모습을 호수를 향해 던졌다
호수는 기다린 듯
물결 치솟다 잠잠하게
산을 감싸 안았다
나무 우거진 숲 속은 원시이듯 맨살이다
아무도 말하지 않은 수목의 언어들이
피워 오른 물의 영토
산은 황홀한 웃음을 터뜨리다
노을 쏟아 낸다
해는 산을 넘었다
산은 조용히 눈을 감았다

꽃샘추위

차마 그냥 떠날 수 없어
바람 한 줌 뿌린다
세찬 바람 속
그리움으로 피던 오랜 꿈
아늑한 길손 마다
인내를 뿌리며
침묵으로 지새던 세월
한 송이 꽃으로 피고 있는데
그마저
짓밟고 갈 셈인가
차라리 슬픔 가득히
노을처럼 붉게 물들게 하라

춘란, 노래하는

여름을 휘감아
하얗게 노래하는 꽃
고향을 잃었나
그리운 골짝 향기로 채운다

무한히 열려 있는
알 수 없는 길
슬픔이 쏟아져도
꽃 사랑 밝은 발걸음

세상일 홀랑 벗어
별빛 울음 같은
콧노래 흘리는 허허함
더 깊어지는 고뇌의 강

알알이 수용하는
세월의 뒤란
돌이 안식처인
목숨이여

봉숭아 이별

붉게 노랗게 피었다 가네
여름을 사르다 웃고 울며 떠나네
앞가슴 부푼 저 여자
손톱 붉게 물들여 풍덩풍덩 엉덩이 춤
그냥 두고
부끄러움 모르는 야릇한 날갯짓
누가 기다리나
별들이 기웃거리는데
소리 소문
마을에 흐르네
천지 사방 들리네
나팔꽃 입술 다물었네

회색

저녁 빛깔이다
노을이 떠나면서 선물했다
색의 고요함의 뒷자리에서
소리 없이 다가오는 하루의 뒤켠
시간을 물들이는 적막의 색
아무도 모르게 무수한 색의 가장 낮은 음계
두드려도 흘러만 가는 세월 넘어
하루의 종점에 선다
인간과 자연이 하나되어 스쳐가는
시간의 순간을 물들이는
색의 물결이여
스며오는 어둠을 손짓한다
내일을 위하여

여백

생각을 하다
생각을 잊었을 때
남은 생각이 가라앉는 늪
아무도 모른다
잃은 것에서 오는
깊은 침묵
어둡고 외롭다
긴 시간
어딘가 아득한 숲 속
나뭇잎 흔들리는 소리, 소리
비로소 생각나는 생각
아무에게도 말할 수 없다

시인의 감나무

푸른 이끼 에워싼 우물
이백 년 세월 휘감아
오늘이듯 맑은 물
바람 불어 풋감 우물에 떨어진다
기다린 듯 풋감 감싸 안은 물결
푸른 감과 푸른 물의 만남
가을이 쏜살 같이 달려온다

우물로 살았던 사람들은 떠나고
홀로 남은 우물은 물로 살아
옛 모습 지키고 있다

먼 들녘 찾아와 빈 마당 누비는
옛 언어들이
감나무 사이에 흐르는 놀 붙잡고
시인의 이야기에 분주하다
마당 옆 장독에 기댄 우물은 한사코
허물지 마오! 소릴 지른다
유물로 영원하여라
시인이여 우물이여

그 소리 바라보는

숨고 싶을 때가 있다
살아 있으면서
죽은 생명이 듯
얼마나 고독한 자유가 아니랴

마루 밑에 숨어
아무도 찾을 수 없다는
외로운 유년
시간을 잃은 채
잠이 들었다

숨어 있는 바람 소리
꽃이 숨어 피는 소리
숨어 있는 별소리
그 소리 들으며
그 소리 바라보는
즐거움이여!

어쩌면 그것은 세상의 것을
거부해 보는 저항일까
그곳엔 숨어있는 자기를

자기가 아닌 사람으로
자기를 보는 일이다

얼굴 그리기

빈 날
누군가 창을 두드린다
낮달인가 창문을 열었다
창백한 얼굴이 웃고 있는지 울고 있는지
알 듯 모를 듯 먼 기억이 길을 내고 있다
알 수 없어 돌아오는 생각 속에
뾰족 내민 아득한 여행길
사막을 물들인 화사한 노을
사랑의 붉은 얼굴이다
가다가 오고 오다가 가는
무슨 그리움인가
붉은 얼굴과 하얀 얼굴이 마주치는 순간
아! 어머니다

유성流星

꿈속에 별을 품고 있었다
오래 쌓인 기도일까
어느 날 그 별을 생각하며
바닷가 둑에 앉아
기다림 없는 기다림에 부풀고 있었다
갑자기 먼 하늘에서 빛이 반짝이며
긴 꼬리를 달고 내게 왔다
별이다
가슴이 뛰었다
컴퓨터에서 우주와 교감하며
그 세계를 거닐던 가상이 현실이 아닌
아득한 세상
별의 세상이다
그곳에서 새로운 인생을 열어
살 수 있다는 미래를 전해 준
그 별
꿈속에 별을 품고 있었다

허공의 시

아무 것도 없는 곳을 헤매는 날에는
허공에다 시를 썼습니다
시도 아니요 말도 음악도 아닌 것들도
예술이라 여겼습니다
한때는 바다에도 산에도 시를 써댔습니다
아무 것도 아닌 날
나도 아무 것도 아니었습니다
몹시 앓는 날에는 아픔을 하늘에
매달아 좋은 시라 생각했습니다
참으로 바보 같지요
바보는 그냥
하늘을 향해 소리를 질렀습니다
하느님!
나는 허공에 날고 있는 시가 되었습니다

태양신의 꽃

구름 속에 갇힌 태양은 천년의 얼굴을
내밀어 여기 가파른 세상을 빗물로 적시네

너 오길 천년을 기다렸어
성城은 간 데 없어 오직 당간 지주만 남아
푸른 들녘 속에서 나를 맞아주네
지주에 새겨진 커다란 연화문은 하늘을 날 듯
땅 깊숙이 가라앉듯 무수한 말을 침묵으로
새기네
태양신을 닮았는가
빛이 된 말
비에 젖은 이끼 만발한 돌의 꽃
어느 세월의 미로에서 신라가 버리고 간
허공 속의 이름 없는 새이던가
너 오길 천년을 기다렸어
그대 찾아 한 생을 헤매었어
온통 푸른 들녘은 해일처럼 솟아오르네
아무도 없는 고독뿐이네
비는 쏟아지고 있었다

아들의 종교

-그레고리오에게

신은 존재하는가
보이지 않으나 믿음으로 믿는 신앙심
그런 생각을 스스로에 던지며
기도하고 신을 믿는 종교인
아들은 기도로 삶을 사는 신앙인이다

먼 골짝 수도원에 여러 가지 생활필수품을
수사들에게 드리며 돌아오는 아들의 세월
그곳에서 미사를 드리고 명상하면서
하느님을 만났을까

언젠가 아들은 수도원에 가지 않았다
이미 소망의 곳에 하느님과 수사와 수도원이
그의 마음에 자리하였으리

신을 믿는다는 것
기도한다는 것
그것은 미약한 인간 존재를 확인하여
영원할 수 없음을 인정하는 예의다
그곳엔 행복한 자유와 해방이 생명을
꽃피우리라

박쥐

–중국 고옥

검푸른 옥에 새겨진 박쥐의 조각상
커다란 날개를 접어 누군가를 노려본다
무섭다
유년의 마루 밑에 숨겨둔 돌을 찾다
머리를 꽉 찔린 아픔이 솟구친다
박쥐야!
조국의 붉은 광장에 평화의 깃발이 나부끼는데
너는 왜 여기 있느냐
정치도 싫어 혁명도 싫어서
비상의 날개를 접었는가
대낮을 잃은 눈빛은 마냥 무엇인가를 노려볼 뿐
대답이 없다
살아있듯 죽지 않은 영원의 아름다움이다
너를 만져본다
싸늘한 촉감이 전해오는 태고의 향기
태양이 그리워 수천 년을 박차고
흙에서 나왔구나
아름다움과 무서움이 소용돌이친다
어둠은 너의 시간 너의 세월
아득한 중국의 전설이 흘러오는
밤의 세상

석불의 반란

사나이가 되고 싶어
천 년을 빌고 빌다
코도 입도 닳아 찌든 몸이네
나무에게 부탁하고
바람에게 애원하면서
갖가지 꽃을 피워
핏기 없는 얼굴 안쓰러워
부둥켜 안고 우는 소리
산사에 닿았을까
천둥 번갯불 치는 밤
무릎 꿇어 참회하는
부처님 같은 석불

나부裸婦

태초의 순수였다
언어 없이 하늘에 자리한
아름다운 에덴의 꿈이었다
흐르는 물길에 무한의 시간을 거닐며
별처럼 반짝이는 생명의 태초였다

욕망의 신을 배반했다
이브는 금지된 선악과를 아담에게
건네며 먹었다
배반은 죄가 되어 죄를 짓는
인간으로 살아갈 원죄의 형벌

옷을 입어라
부끄러움을 아는 인간
저 액자 속에 갇힌 벌거벗은 여인
에덴을 그리워하는
고뇌의 모습이다

침묵의 길

-성지순례

길을 걷는다 어디든 길이 보이면 걷고야 만다
발걸음에 달라붙은 돌멩이의 말은 듣지 않고 한사코
걷고 걷는다

발은 발걸음이 말이다
그 말을 아무도 알아들을 수 없다
혹여 햇살이나 풀잎이 들을 수 있을까

신발의 발은 산산이 찢겨 상처가 나
핏물이 고여 붉은 강물처럼 출렁인다
어느 전쟁터에서 총탄에 쓰러진 병사의 발처럼

그 아픔을 안고 발은 걷고 걸어
도달한 곳은 허허 벌판이다
창세기 때 에덴에서 쫓겨난 발이
걸어 온 곳은 맨땅이다

삶이란 무거운 짐을 지고 살아야 할 사람
죄를 짓고 씻어 언덕을 넘어 바다를 헤쳐야 할 인생
그 맨발은 말이 없다 오직 발걸음이
소리 없이 말을 하는 자유가 있다

무엇을 위해
누구를 위해

성城

사원은 중세의 문을 열어놓았다
없는 듯 있는 듯
없는 발자국소리가 어둔 적막을 흔든다
죄를 씻고 돌아온 촛불이
휘청거리며 불길을 놓는다

떠나고 싶다는 말이 바람으로 날아
백 년을 가지 못해
피 맺힌 사연을 듣고 돌아온다

성은 침묵 이전의 소리로
유령 같은 문양을 새긴 채
몇 세기를 지나 여기
울음 같은 음향을 울린다

음향 따라 찾아가는
호기심 가득한 나그네들
무엇이 내 것이 될 것인가
빈손은 고개를 끄덕이며
고향으로 간다

오늘의 과거

오늘의 내가 과거의 나를 본다
두 모습은 같은 사람이나 전혀
다른 모습의 내가 엄청나게
변한 것을 볼 때
거기엔 많은 세월의 흔적이 있다
그때 얼굴은 변해 오늘의 얼굴이
기쁨과 슬픔 절망과 좌절을 넘어
또 넘어야 할 세월을 업고 서서히
망가져가는 몸무게는 가벼워진다

그런 몸의 어느 곳에 잊어버린 과거의
그리움 같은 것이 한 폭의 그림 되어
흘러가는 세월에 걸려 있다
바다의 노을로 깔려 있다
오늘의 내가 과거의 내가 없는 듯
하루하루 충실한 내가
한 생을 휘몰고 있다

돌아가는 길

기도는 종소리였다
해질 녘
도시를 누비는 기도는 묵주로
시간을 맞이했다
햇빛이 사라진 빈 들녘엔
풀잎들 고개 숙여
소리 없는 무한의 여음 따라
스스로의 목숨을 의지하고 있다
저마다 노동의 끈을 놓고
돌아가는 안식의 등에 스민
작은 햇살은 위로의 노래였다
어둠이 오는 길목
삶에 지친 상처마저 감사하는
기도 속에 잠긴 종소리

맨발로 가는 길

–성지 순례

들길을 걷고 걸었다
목적 없는 발길은 허공을 걷고 있다
어디까지 가야할지 나도 모른다
아무 것도 가진 것 없다
텅텅 빈 몸이다 걸음은 가볍다 훨훨
날아갈 것 같다

그러나 그 곳
에덴동산을 생각했다
원초로 돌아가고 싶은 현대인들의 발걸음이다
거기까지는 한 생을 걸어도 닿을 수 없는
무한의 길. 믿음이 있다
기도와 마음. 영혼은 닿을 수 있다
그 믿음으로 하느님이 오르신 영혼의 길을
세상의 길을 걷고 걷는 맨발이다

맨발은 가볍다 아무 것도 없는 맨몸
바다와 강을 지나 땅을 지나서
깊고 깊은 바닥으로 쓰러져도 좋은 자유를 안고
터벅터벅 맨발로 걷고 걸었다
십자가의 기도를 드리면서…

침묵의 말

—갈멜수녀원

그곳에 가면
침묵 속에 파묻힌
풀잎이 되었네
소슬바람에도 나부끼는
소리 없는 악기가 되어
기도 따라 울려보네

세상 일 아무것도 모른 채
모르는 속에 수많은 이야기가
빛으로만 반짝이는
누가 천사가 되었나

그곳에 앉으면
하늘 땅 하나의 선이
수평선을 이뤄
길 하나 열어주네

목어

가난해서 슬픈 목어여
숭숭이 헤어진 삼베적삼을 주워 입고
선비 따라 금강산을 보았다는 말
조선의 향기가 외롭구나
아버님!
고기 한 마리를 나무로 빚어
제사상에 올린 불효를 용서 하소서
문갑 위에서 소리 없이 울먹인다
엄마도 만나는 날이다
어언 세월, 산을 넘어 사람을 넘어
여기 왔지만
아직도 가난해서 슬픈 목어여

미소

신神은 큰 의지다
마음과 몸이 깊은 나락에 빠지는 아픔
아픔을 몰고 다니는 벌레가
뼈와 살을 찌르다 온 몸을 헤집고
다니는 칼날
마음은 텅 비었다
오직 아프다
아파 견딜 수 없다는 본능만이
숨 쉬는 몸체
누군가 그 앓음 속에 손을 내민다
따스한 손길에 의지하는 목숨
삶과 죽음마저 내 것이 아닌
신의 선택이라 믿으면
이리도 가벼운 사람 있을까

고려동경 高麗銅鏡 (국립중앙박물관)

Poems by Seo Insuk

서 인 숙 시 집
청 동 거 울

part 3

모정母情

미국에서 살아 반생에
모국어와 영어 사잇길을 걸으며
한국 미국보다 세계인으로 우뚝
서고 싶어 얼마나 그 생을 노력 했을까
사막의 거센 바람 휘감아 조랑 말처럼
험난한 길을 피맺히게 살아 왔을까
이젠 한국의 수필가요 미국의 화가인 그녀

엄마와 딸이라는 경계를 넘어
인간적인 자리에서 예술지상주의로 서로를
격려하는 우정
예술은 무엇인가
온 몸 가득히 예술로 삶을 피우며
살아가는 길
목숨이 별처럼 빛난다는 말
믿어도 좋다

길은 험난하여도 영혼은 빛나고
기도처럼 잔잔한 물결의 인생
바다의 파도처럼 출렁이고 싶다
저 태양의 한 점 빛이고 싶어라

새벽 섬진강

내원사 밤 절을 나와 새벽 문을 열었다
풋풋한 산 향기와 안개로 덮인
하루가 시작되고 있었다

강은 일찍 눈을 떠 물소리 울리며
우리 따라 남으로 흘러갔다
육이오를 겪은 흔적 없는 평화의 강물이었다…

지리산 춤에 안긴 신라 석탑을 참배하며
불교와 카톨릭으로 만난 인연이
천 년 같은 우정을 나눴다

언니가 떠난 세상 모퉁이에서
허무의 숨소리와 강물소리에 젖은
발걸음이 새벽 강을 건너고 있다

적막

소리 없이
아무 없이
소스라치는 한 순간
노을이 서산을 넘고 있다
고요를 넘어 온 짙은 침묵 같은
한 생이 휘몰고 있다
바람 되어
모래알 되어
무한을 놓친 상처는
개울물에 씻어
물로 흘러가는 저 너머
어디에 닿을 수 있을까

사막의 바람

용트림의 바람 소리
모래밭에 세상 무늬 그려놓고
쏜살 같이 달려갔다
적막이 적막을 감다 어디선가
조랑말 울음소리에 주저앉았다
노을이 붓을 들고,
붉은 물감을 마구 휘둘렀다
불타는 사막
시간이 출렁이며 달아났다
그때
그 모래 언덕에 새겨놓은
까닭 없는 슬픔은
세상 밖으로 쫓겨난 고독한 미아
아득한 지평선에서 굽이굽이 떠도는
모래바람은 태초로 돌아가고 있었다

하늘

하늘의 끝은 어디인가
새가 날아가는 저 쪽 어디 쯤
하늘의 종말이 있을까
예수님이 부활하신 천국일까
나팔꽃이 시들어간다
그 시든 속 스며있는 하늘빛
빛을 스치는 시간의 끝자락에
묻어있는 파란 하늘
하늘은 밤이며 낮 시간 없이
어디에도 있다
하늘의 끝을 찾다 끝을 잃어버린
호기심 가득한 모험
내 눈 속에 하늘이 머물러
눈을 감을 때
비로소 하늘의 끝인가 봐

영혼의 집

눈이 쏟아지는 저녁이다
발걸음은 어느 집을 찾아 헤맸다
집이 아닌 성당이다
인간으로 돌아가는 곳이요
하느님을 만날 수 있는 곳이다
텅 빈 적막 속에 한 가닥 빛이 일렁인다
한 생명이 모든 것을 내 놓았다
느닷없이 죄인 같은 생각이 생각 속에서
죄를 찾다 죄를 잃었다
누군가 나를 천당에 가자고 이끈다
나는 천당이나 지옥 같은 곳은 가고 싶지 않다고 했다
연옥에 가서 있는 죄 없는 죄 샅샅이 찾아
닦고 씻어 채찍질하여 참회하고 용서를 빈 다음
하느님 뜻에 맡긴다고 말했다

눈물 샘

슬픔 없어도
고통 없어도
흐르는 눈물은 꽃향기 때문이다
눈의 호수는 마음을 일렁이며
아득한 곳을 향해
무엇인가 채운 듯 비워버리는
무한한 공허
표현하고자 무수한 언어들이
줄줄이 잇는 영혼의 길목
험난한 미로를 지나 비로소 찾은
한 알의 씨앗
영원한 노래다

합포만의 노을

붉은 바다
하늘의 저녁이다
바다는 제 시간을 노을에게
잠시 빌려 주었다
시간의 순간
하늘이듯 바다이듯
수평선이다
꿈은 바다 깊숙이
헤엄쳐 해초며 고기들과
뛰놀며 키웠다
노을 떠난 적막
먼 뱃고동소리에 부서진다
바다는 영원 하리
거기 붉은 섬이 된 내가 숨었다

별 통신 · 1

밤하늘의 별들은 내 꿈의 나라다
밤을 즐기는 상상의 놀이터다
이따금 별과 내가 통신을 한다
세상이 어지러울 때 숨이 막힐 때
요즘 소식이 없어 외롭다

가을 밤 언덕에 앉아 풀벌레 소리
들으며 소식을 기다렸다
갑자기 하늘이 흔들려 별 하나
길게 꼬리를 달고 내게 왔다

언젠가 별 하나 우주 되어
사람들과 살 수 있는 낙원이 된다고 귀띔했다

우주는 나의 세상은 아니다
별과 내가 하나 되는 사랑
동화 속에 살고 있는 나그네다

봄은 꽃으로 살아

꽃처럼 피어나는 마음의 봄날
숨겨 둔 생각이 꽃을 피우네
마음 골짝 안개처럼 흘러오는
아쉬움이 흘린 세월을 찌르네

어둠은 때론 밝음을 위해 커다란
힘을 만들어 무한한 길을 열어주네
봄 뜰엔 화려함을 지나 허무 같은 것이
떨어질 듯 꽃잎에 머물고 있네

세상과 만난 눈부신 꽃들의 축제
색색의 합창이 울려 퍼지네
한 가락 노래 속에 잊은 얼굴들이
장미 넝쿨을 타고 오는 시간

꽃망울에 잊은 이름들을 달아
그리움의 강물에 쏟았네
봄은 간다네
나를 두고…

파도 위를 걷는다

파도 위를 걷는다
출렁출렁 출렁이며 걷는다
저만치 가버린 세월 따라와
한 평생 일군 집 한 채 싣고 온다

아무도 없는 섬 골짝에
세상 일 부려놓고 벌렁 누워있는
풀꽃 한 송이
이름 없어 자유구나

아무것도 없다고 손을 흔들어 소리치면
불현 듯 가난에 찢긴 유년의 꿈이
한사코 통곡하던 시절
바다도 함께 울었지

파도 위를 걷는다
출렁 출렁이며 걷는다
추억의 시간을 싣고 온다

잃어버린 길

길을 가던 가로수들이 줄줄이 섰다
안녕하세요…
눈발이 나무들에게 인사한다
가로수와 눈발이 함께 가는길
하늘과 땅이 맞닿아 하얀 길이 열렸다
바람이 세차게 휘몰아친다
어느 태고적 골짝인가
그들을 따라 가던 그녀
너무도 황홀해
자기를 잃은 자기가 지금 어디에 있는지
알 수 없는 혼란 속에
그만
그들을 놓쳐버렸다
잃은 길엔 눈만 쌓여
길은 간 데 없다

흐르는 강물

강은 고요하다
어디선가 흘러오는 음악의 울림 따라
흐르고 흐르는 물줄기

닿을 수 없어
그냥 가버리는 먼먼 어디인가
물 깊이에서 솟아 오른 갈대들의 꿈
적막 보다 짙은 침묵 속에 흐르는 물빛
사랑의 맨 처음의 사랑 같은…

아무도 붙들지 말라
어느 것 흐르고 변치 않은 것이 있을까
말이 없어 물로만 말하는
저기! 저 강물을 보아
아프다 못해 스러지는 마음

마주친 눈

창밖을 바라보았다
높은 아파트 창에 달라붙은
나비 한 마리
그 작은 눈과 내 눈이 마주쳤다
그는 절벽보다 더 무서운 곳에서
언제부터 나의 모습을 일일이 살피고 있었을까
무더운 여름이 지나
가을이 오는데
용케 살아남았구나
죽음을 다해 붙어 있다
예쁜 눈을 반짝이며
작은 날개를 팔락이며
그의 눈과 내 눈이 마주쳤다
그리움을 다한 듯
그 작은 발이 풀밭에 떨어졌다

별똥별

밤하늘을 산책하는 비밀의 눈 마음이
별똥별이 빗물처럼 밤하늘을 수놓고 있음을
보았다 물이 아닌 빛의 홍수로 유성우다
그들은 나를 어디론가 데려갔다
바다가 아닌 한사코 하늘을 데려가는 손목은 뜨거웠다
그 손목의 뜨거움으로 하여 내가 유성우가 되어
하늘에서 바라보는 지구
그 황홀한 신비의 감격에 숨이 막혔다
아직 잠에서 깨어나지 않은 세상
거기 나의 한 생애가 살아온 세월을 감아
어딘지 모를 종착역을 가다 뒷걸음치고 있었다
역은 아득한데
기다림이 손짓하고 있었다
별똥별이 된 나는 지옥에 가지 않고
하늘에서 빛을 쏟아내고 있는데
갈 곳을 잃었다
죽음의 세상에 갈 것인가
소행성의 파편이 된 나는
세상의 파편이 된 지 오래지만
참으로 잠시나마 밤하늘의 별똥별이 된 것에
꿈이 아닌 현실 같은 실감으로
지구를 보았던 행운이다

밤길

걷고 있다
어둠을 뚫어 어둠을 걷고 있다
별들이 쏟아지고 있다
너무도 많은 별들 속에 잠들고 싶다
어느 창 안엔 여인이 어둠을 안고
보자기를 펴고 있다
무엇인가를 싸고 싶은 마음은
아무 것도 쌀 수 없는 허허함
밤공기가 어루만지고 있다
그녀는 보자기를 접고 있다
아무도 모르게 비밀스런 호기심을 풍기며
그 속에 별들을 잔뜩 쌌다
걷고 있다
어둠을 뚫어 어둠을 걷고 있다

공중도시

빈 하늘
구름 없는 푸른빛의 고요
거기 한 도시가 있다
선과 각 색채로 표현한
호화로움이 아닌
거기 살고 싶은 많은 사람들이
생각하고 꿈꾸는
콘크리트로 짓는 것이 아닌
부드럽고 바람 같은
수많은 수목들로 싸여 있는 집들

그런 집을 세계 속의 한 가운데 세워질
공상이며 생각이며
건축의 모습을 몽상하는
즐거운 선

선 따라 나서는 마음
생각과 꿈에 있던 집을 찾아
없는 집에 살고 있었다
누가…

어시장이 출렁인다

어시장 고객이 바뀌었다
'다윗'인들의 말과 한국말이 섞인
높은 음절과 낮은 음절의 노래아닌 말
손짓으로 흥정한다
펄펄 뛰는 생선이 까무잡잡한
손으로 건너갔다

가을 햇살이 비릿하게 부시다
살기 위해 떠나온 조국
일요일은 자유인
공장의 쇳소리도 멎은 날

향수 속에 메콩캉을 담아
이 골목 저 골목을 누비는
검은 맨발

작은 항구
여기가 어디인가
어시장이 출렁인다

물종이

봄은 시인이 되고 싶어
꽃들을 색색으로 피운다
그들의 언어를 빗물로
또박또박 흙에다 문자를 쓴다
야윈 문장이 얼룩져
산을 세우고
강물을 출렁이며
그림 한 폭 그려 놓았다
봄비 시를 낭송한다
빗물로 쓴 물종이
원시로 돌아가라
에덴으로 시작하라
소리 없이 내리는 봄비
흘러 내려 봄비 시인이다

그림자

햇살 떠난
빈자리
그 틈새로 다가오는
어리석은 분노
누구에게 매를 맞았는가
아픈 맨살의 목소리가
시간 위에 구르는
저 어둔 길목
서러워도 견뎌야 하는
관용의 세월

돌

자유를 갈구하면서
스스로를 구속하는 그
정지된 시간을 안고 무한을 꿈꾸는
한 점 생애
아무 것도 닿을 수 없는 아집
바람마저 스쳐간다

기적소리 울릴 때
막 떠나려는 기차의 순간
시간의 공허는
고독의 아픔이다
떠나기 싫어도
떠나야 하는 길

강기슭에
홀연히 앉은 저
미완의 속내를 풀어 놓는다
강물이 일렁일 때마다

스스로를 지킬 수밖에 없는
저 강력한 모습

아침 마음

아침 차 한잔에
하루를 건다
찻잔 속에 어리는 꿈
하루 시간이 있다

인생은 영원할 수 없어
하루가 인생이다
하루에 목숨을 건다

차 맛에 거는 마음
세상이다
하늘이다
차의 물결은 잎들의 소리를 낸다

차 맛의 열정
달콤한 도전이여
생의 한 가운데
하루는 전부다

나이테의 삶

나무 세상
함지박 속이다
길은 아득한데
맴돌고 맴돌다 도착한 곳은
맨 처음 그 자리
이백 년 세월이다

언젠가
통째로 잘려
그 생애를 드러낸 지금
상처는 햇살 따라
새로 날아갔을까
이젠 새로운 삶을 살고 있다

아낙의 손에 길들여
반질반질 윤이 난 그
석류며 감 밤송이를 담아
정물화로 그려진 날

그리운 숲 속의
나무 시와 풀꽃 동화를
읽고 있는 나이테

마음 꽃

그대
마음으로 꽃을 피우는가
소리치며 왔다가
소리 없이 사라지는 자유의 길
붙들 수 없어
그냥 가버리는 먼먼 어디인가

둥글게 네모나게 스치며 싸우며
언덕을 물들이던 색색의 몸짓
산이 되지 못했네

그리움 가득히
남겨준 수많은 언어들
그 깊은 곳에 출렁이는 추억
돛배 한 척 남았네

그대
생각으로 날아갈 것인가
보아도 보지 못한 채
한 생이 깊어져
끝내 낙서 한 장

나무새

상여가 오르는 길은 가파르다
삶에서 죽음으로 가는 길
한 생이 속절없이 무너졌다
구슬픈 상여꾼의 노래 가락이 마을을 지나
들녘을 넘어 천지사방 메아리친다
그 소리 따라 슬픔 따라 소리 없이
부르는 새야 나무새야

저승길 배웅하고
너만 돌아 왔구나
죽음은 죽음을 넘어 새로운 세상에서
사랑의 영혼으로 살아
젊은 정령으로 살아있나니
울지 마라 울지 마라

색색으로 날개 펴
고운 모습 슬픔 감아 눈물 씻어
사람 모습 서러운가 나무새야

나무새가 되어 좋구나
너는 죽지 않으니까

꽃게 행렬

파도가 떠난 빈 갯벌
멀리 뱃고동 소리 떠났다
꽃게들이 작은 모래 구멍 속에서
뒤뚱 뒤뚱 옆걸음으로 줄줄이 나왔다

무슨 놀이를 하는가
숨바꼭질 하듯 춤을 추듯
법석을 피우는 소리가
온통 들썩거렸다

어느 새
저녁은 놀을 몰고와
바다를 붉게 수놓았다
깜짝 놀란 그들은 쏜살 같이 저마다
집으로 돌아왔다 나는

한 마리라도 붙들고 싶어
구멍 속에 손을 넣다 손가락을 물렸다
흐르는 피와 노을빛에 물든
붉은 손의 춤사위

갯벌이 사라진 바다는 검은 파도로
출렁이고 있다

고려동경 高麗銅鏡 (국립중앙박물관)

Poems by Seo Insuk

서 인 숙 시 집
청 동 거 울

part 4

능선의 하루

항시 도시를 바라보는 능선
산의 지킴이다
도시를 지키는 그윽한 눈매다
새벽 별들을 고향으로 보내고
아침이면 태양을 안고 하늘땅을 향해
햇살을 뿌린다

햇빛 없이는 살 수 없는 생명들의
생존이 저마다의 삶을 엮어간다
한낮은 태양의 눈부신 절정

시간이 회색을 물들이는 저녁
노동을 내려놓고 기쁨과 슬픔 사이
기다리는 집이 있다
사랑이 있다

시간이 노을을 몰고 와 붉게 웃는 소리가
도시를 메운다
검은 나래를 입은 능선
별들의 문을 열어준다

달빛 얼굴

우물 속엔 달빛으로 환하다
누군가 얼굴이 보인다
세월을 살아 온 흔적이 일렁이며
고뇌를 지나온 평온이다
인간이라 여자의 허물을 벗어
또 하나의 길을 걸어가는 등엔
초월의 날개가 펄럭인다
가파르다
가시밭길엔 돌들이 뒹굴고
한 세상 살아왔던 기쁨이
잔잔히 출렁이는 사랑의 무늬
영원히 살아갈 듯
우물 속의 달빛 얼굴

골목대장

골목에서 아이들이 왁자지껄하게 놀고 있다
골목도 덩달아 소리 지른다
며칠 비에 젖은 짜증이 가신
골목은 골목대장이다

담장에 고개 민 장미 송송이
햇살도 깡충 뛰며 동화의 꿈을
키우는 아이들
친구들과 장난치며 어른으로 가는
길을 열고 있다

골목대장은 언제나 슬펐다
가난을 벗지 못한 병든 기침 소리에
마음이 아팠다
그러나 아이들 놀이터가 된 날에는
행복했다…

물꽃 섬

–제주도

파도가 얼음을 깨어
물꽃으로 솟아오르다
파도치며 날개치며
끝없이 헤엄치는 파도의 삶
어디에 닿을 수 있을까
돌아가고 돌아오는 파도의 길
대서양 태평양
어디에 가도 좋은 자유는
바다가 집이다
비바람 폭우 눈발 속에서
무지갯빛 고운 마음 열어
우렁찬 섬이라는 자랑
그 믿음으로 나그네를 부른다
마을에 섬을 심어준다
온몸 가득 파도로 채워
섬이 된 날에는
한 송이 물꽃 파도로 출렁인다

마주친 눈

창밖을 바라보았다
높은 아파트 창에 달라붙은
나비 한 마리
그 작은 눈과 내 눈이 마주쳤다
그는 절벽보다 더 무서운 곳에서
언제부터 나의 모습을 일일이 살피고 있었을까
무더운 여름이 지나
가을이 오는데
용케 살아남았구나
죽음을 다해 붙어있다
예쁜 눈을 반짝이며
작은 날개를 팔락이며
그의 눈과 내 눈이 마주쳤다
그리움을 다한 듯
그 작은 발이 풀밭에
떨어졌다

약속

붉게 타는 동백꽃
가을을 물들여
생각을 물들여
세상 한 자락 제 것으로 만든다
우주로 산책할 꿈을 키운다
아무 것도 닿을 수 없어
오직 붉은 아집으로
한 생애
어길 수 없어
툭! 흙이 되는 목숨이여
허무의 낙화여

바다의 말

–매립지

땅을 원하는 자에게
바다를 주었다
그곳엔
높이 솟은 빌딩
삼각, 사각의 유리창들이
멀리 떠난 파도를 부르고 있다
어디선가 갈매기 울음소리
갈 곳을 잃었나
땅. 그 아래 밑바닥
가녀린 냇물소리
언제인가
바다였다는 말
말의 슬픔
땅은 가만히 울먹였다
누군가 눈 흘기는 방향

모래밭

저문 가을
모래밭을 걷고 걷는다
걷다가 멈춰
그냥 모래밭에 주저앉았다
언젠가 묻어둔 쓰라린 아픔이
먼 수평선을 타고 가슴에 꽂혔다
알 수 없어
모른다고 고개를 저으면
먼 섬이 다가와 출렁인다
바다는 온통 노을로 타오른다
하루의 마지막 시간이 노을에 잡혔다
이 순간의 풍경에 기함한 마음이
말을 잃었다
모래밭을 지나는 황홀한 노을
주름진 얼굴이 붉게 빛난다

무학산 가을

산이 가을이 왔다고 야단이다
색색의 물감을 나뭇잎 마다 칠해놓고
먼 수평선 불러와
나도 불러 놓고
색색의 무늬를 그려준다
파도소리도 한 몫 끼었다
가을 여인이 된 나
수평선도 잠시 출렁임을 멈춰
햇살 위에 가을 산을 얹어 놓았다
파도소리도 뒤질세라 목청껏
가고파 노래를 부른다

산은 무학산은 제법 만족스런 모습으로
노을에 물들어
붉게 타다 산을 넘는 해를 지우고
행복한 잠에 빠졌다

비내리는 만추

색색의 잎들이 바람결에 휘날아
천 년의 고요가 일렁이고
마음 속 숨었던 말이 눈을 뜨면
회색빛 사이로 아득한 곳이 고개를 내민다
그곳이 어디인가
물방울 사이사이길
안개가 자욱이 깔리면
아무 곳에도 닿을 수 없는 한 점
맹세가 스스로를 동여매고
자유라는 이름으로 생애를 다듬던 길
길 위에 또 찾아온
비 내리는 낙엽 날
비는 온 몸을 적시고 세월을 적셔
적시고 적셔 남은 빈 곳
가장 강한 삶의 공간이다
벌거벗은 나무로 선 한겨울의
눈보라를 위한 꿈이다

만추사발

가을 저문 햇살 속
불쑥 내민 얼굴
청자사발이네
여름내 백자에 가렸던 푸른빛이
날개를 펴
온통 푸르게 물들이는 날
호수가 되었다고 연꽃을 피우네
고려를 넘어 온 천사백 년의 기백으로
큰일을 벌이겠다고 소리치다가
그냥 바다이고 싶다네
사발 속에 파도소리 출렁일 때
낙엽들 몰려와 오색 춤을 추네
청자사발은
빛과 빛이 부딪친 푸른 원무의
고려 만추

억새꽃

수천 년 늪의 전설을 깨우는
억새꽃 바람
하늘을 날 듯 춤사위를 벌인다
어딘가 무슨 소리소리
그 소리 등에 업고 들판을 헤매다
가을을 지핀다
잎사귀들이 색색의 옷을 입는다
사랑을 몰랐던 그 시절처럼
순수의 언어들이 솟아오르는 늪의 물빛
반짝이지 못해 속살마저 숨긴다
슬픈 발원지에서
슬픔 아닌 울음 같은 것이
억새꽃을 흔들어 흔들면서
노을 곁에 주저앉는다

춘란의 미소

돌에서 자라
한 세상
여름을 사르며 살며시 핀
하얀 물방울
미소 같은 작은
노래를 부른다

듣는 이 없어도
부르지 않고는 견딜 수 없는
목마른 고향 생각
바위와 바위 사이에서 쏟아지는
우람한 폭포
하늘이 내렸을까

그리움으로 날고 있는 종달새
구름 송이송이
그렇게 속삭이듯
햇살 속의 하얀 꽃

하늘 정원

밤하늘엔 별꽃이 만발하다
어둠은 흙이 되어
별들의 아기를 키우는 엄마
어서 자라
더 빛나는 별꽃으로 세상을 사랑하는
천사가 되어라

세상의 정원에서
사람들 몰래
꽃들은 하늘에 옮겨갔다
장미 목련 개나리
별꽃들과 어울려
천상의 낙원이다

별 하나 꼬리를 달고 그 이야기를
전하는 소리 아닌 노래
그 노래에 놀란 새벽이
눈을 비빈다

꽃들의 강

붉은 모란이 오월을 물들이던 날
저승과 이승의 갈림길에서
살아남은 자의 호곡은
붉게 빗발쳤다
돌아올 수 없는 아득한 피안
약속된 땅이다

세상에 남긴 죄 없어
원죄마저 사그라진 종소리
소리는 기도로 가슴에 박혔다

아픔은 꽃으로 피어
눈물로 출렁이는 꽃들의 강
홀로 건너는 강은 새벽별이었다

오늘은 그대의 날
흙으로 살아있는가
그 집 무덤에 핀 풀꽃은
무슨 말인가
침묵만이 우리의 관계다

나무 시

나무가 바람으로 시를 쓴다
햇살 불러 잎을 흔들어
구름의 행간을 거닐다
깊은 생각에 잠긴다

비 내리는 오월 연두색이 날아
나비처럼 꿈꾸는 새순들의 노래
빗방울 방울방울 웃어
빗물로 시를 쓴다

시가 완성된 나무는
빈 들녘에 우뚝 서서
하늘을 향해 시를 낭송한다

먼 수평선이 귀를 세운다
그 귀 위에 돛배 한 척 뒹군다

석류 마음

석류
제 색만을 고집한다
신이 세상을 향해 뿌린 무수한 색이며
아름다운 색들이 있다는 걸 모른 채
나뭇가지에 매달려 살고 있다
어쩌랴
보지 못하고 알지 못하고 자신도 모른 채
오직 살기만 하는 충실
꽃에서 봉오리에서 서서히 붉게
완숙해 가는
저 장엄한 열매
햇살과 바람과 비를 숭배하는
자연의 자연주의
뚝! 만추의 날
제 사명을 다한 듯
씨앗 쏟아내는 붉은 아우성
흙으로 가는지 사람에게 가는지
오직 붉은 색의 찬미
그의 길이다
삶이다

소나무 사람

–동경에서

잘 생긴 소나무 숲에
소나무 그늘처럼 누워있는
저 사람

어느새
소나무 되어 푸르다

잠깐 소나무 잎들 흔들리는
작은
소리에 눈감아
햇빛처럼 반짝이는 행복 있어
공복 채우지 않아도
하루를 사는 누구인가

나는 조국을 잃은 미아처럼
소나무 되어 떠도는
여행객

그 울음

울지 않아도 울음은 울고 있다
울음은 슬픈 강을 채워 출렁이는 울음
출렁임이 넘치는 만추의 날
모든 것이 사라진 듯 잃은 자기는
한 잎 낙엽으로 뒹군다

생각을 잊었을 때
무심코 돌아보는 생애
낙엽이 비에 젖어 무덤처럼 쌓였다
빗물과 울음의 화음
아득한 에덴의 울림인가
창세기 이전의 태고의 소리인가

울지 않아도 울고 싶은 마음이 있다
아무것도 채울 수 없어
허공만이 가득한 마음의 강
울지 않아도 울음은 울고 있다
울음은 인간의 소리다

얼굴 그리기

빈 날
누군가의 창을 두드린다
낮달인가 창문을 열었다
창백한 얼굴이 웃고 있는지 울고 있는지
알 듯 모를 듯 먼 기억이 길을 내고 있다
알 수 없어 돌아오는 생각 속에
뾰족 내민 아득한 여행길
사막을 물들인 화사한 노을
사랑의 붉은 얼굴이다
가다가 오고 오다가 가는
무슨 그리움인가
붉은 얼굴과 하얀 얼굴이 마주치는 순간
아! 어머니다

고려동경 高麗銅鏡 (국립중앙박물관)

Poems by Seo Insuk

서 인 숙 시 집
청 동 거 울

작품 해설

시간의 평화, 모국어의 광채

– 이 근 배(시인 · 대한민국예술원 회원)

1

나무에게 있어 나이테는 다만 살아온 시간의 궤적이 아니라 토양과 햇빛과 바람, 그리고 꽃과 잎과 열매를 위하여 쉬지 않고 싸워온 상처의 기록일 것이다. 그렇다면 결코 짧지 않은 시간 동안 시와 더불어 한 시대를 건너온 시인에게 있어 시는 깊은 사유와 성찰의 언어일 것이며 사물에 대한 보다 투철하고 독창적인 해석일 것이다.

이 시집 「청동거울」은 서인숙 시인이 등단 50년을 자축하는 그의 시의 자화상이며 문학적 내공의 절정을 담아내는 회심작이기도 하다. 그런 만큼 나를 돌아보는 시간 속의 얼굴에서 자유로움과 평화로움을 읽게 되고 거기 쓰인 성찰의 언어들에서 이 시인이 바라보는 세계에 대한 시선이 잘 그려져 있다.

굳이 내면에 도사린 고뇌나 시대상의 말초적 촉각을 넘어서 화살을 밖으로 돌리기보다는 내면의 상처를 치유하는 자기 용서로 극복

하고 있다. 오늘의 시가 자못 고삐를 벗어난 망아지처럼 정체성을 상실한 채 실험을 빙자한 난해성을 용인하고 있음에 비하여 모국어 정신을 충실히 하며 벌거벗은 영혼에게 따뜻한 옷을 입혀주는 시를 여기서 만나게 된다.

오늘의 내가 과거의 나를 본다
두 모습은 같은 사람이나 전혀
다른 모습의 내가 엄청나게
변한 것을 볼 때
거기엔 많은 세월의 흔적이 있다
그때 얼굴은 변해 오늘의 얼굴이
기쁨과 슬픔 절망과 좌절을 넘어
또 넘어야 할 세월을 업고 서서히
망가져가는 몸무게는 가벼워진다

그런 몸의 어느 곳에 잊어버린 과거의
그리움 같은 것이 한 폭의 그림 되어
흘러가는 세월에 걸려 있다
바다의 노을로 깔려 있다
오늘의 내가 과거의 내가 없는 듯
하루하루 충실한 내가
한 생을 휘몰고 있다

—〈오늘의 과거〉 전문

아주 평이한 서술로 어제의 "나"와 오늘의 "나"를 대비하면서 내

일의 "나"를 그려보고 있다. 저 김정희가 죽기 사흘 전에 지금 봉은사 판전각에 걸려있는『판전板殿』두 글자를 써놓고 비로소 고개를 끄덕였다던가. "칠십 년 동안 열 틀의 벼루를 바닥을 내고 천 자루 몽당붓을 만들었어도 편지글자 쓰는 법을 못 익혔다"고 친구 권돈인에게 보낸 간찰에 썼던 이 나라의 신필이 쓴, 어린아이가 막 붓을 잡은 것 같은 동자체童子體를 보고 성찬경 시인은 "벼락 맞은 것 같다"고 했다.

이 시 〈오늘의 과거〉는 아무 붓끝의 기교나 과장, 미사여구가 없이 해탈한 노스님의 맨얼굴처럼 무념무상이다. "그리움 같은 것이 한 폭의 그림 되어/ 흘러가는 세월에 걸려있다/ 바다는 노을로 깔려있다" 얼마나 평화스러운가. "기쁨과 슬픔 절망과 좌절을 넘어" 여기에 이르기까지 그동안 닳아진 벼루와 붓은 또 얼마였을까.

저녁 빛깔이다
노을이 떠나면서 선물했다
색의 고요함의 뒷자리에서
소리 없이 다가오는 하루의 뒤켠
시간을 물들이는 적막의 색
아무도 모르게 무수한 색의 가장 낮은 음계
두드려도 흘러만 가는 세월 넘어
하루의 종점에 선다
인간과 자연이 하나되어 스쳐가는
시간의 순간을 물들이는
색의 물결이여
스며오는 어둠을 손짓한다

내일을 위하여

—〈회색〉 전문

시간도 빛깔이 있다. 해가 뜨고 지는 시간, 날이 흐리고 눈비가 오는 시간, 고양이 눈처럼 시시각각 빛깔이 몸을 바꾼다. 같은 시간이라도 사람마다 마음의 눈에 보이는 빛깔이 천차만별일 것이다. 그러면 지금 당신의 시간은 무슨 빛깔이냐고 물었을 때 이 시인은 〈회색〉이라고 대답한다. "노을이 떠나면서 선물했다/ 색의 고요함의 뒷자리에서/ 소리 없이 다가오는 하루의 뒤 켠/ 그 시간을 물들이는 적막의 색"이 그것이다. 그렇다. 어느덧 노을도 지나가고 적막한 어둠이 몰려오는 시간의 빛깔을 시인은 감지한다. 이제 더 짙은 어둠이 몰려올 것을 예감하면서 결코 거부하거나 서두르지 않는다. 오히려 "스며오는 어둠을 손짓한다/ 내일을 위하여" 이렇게 노래할 수 있는 시인은 얼마나 행복한가. 그의 〈회색〉은 저 이은상이 그리던 남쪽바다에서 지금쯤 불타오를 동백꽃보다 더 곱고 화려하지 않는가.

2

시는 언어의 악보이자 언어의 그림이다. 그 음정의 진폭은 무한대이고 그 그림의 공간은 우주적이다. 그러면 시인은 무엇으로 만물이 숨기고 있는 음정을 찾아내겠으며 또 어떻게 드넓은 공간에 붓질을 할 수 있을까. 시인은 그 능력을 시인이 아닌 신에게 돌려준다. 그리고 다시 신의 붓을 빌어 자신의 그림을 그리고자 한다. "시인은 자신이 표현하고자 하는 것을 언어로 짜내고 나아가 더 포괄적이며 풍류적이고 간접적이 되어야 한다"고 TS 엘리엇은 일렀다. 이 말은 시인이 의도하고자 하는 것을 더 정확히 구사하기 위해서는 가능한 한 동원할 수 있는 모든 것, 신의 경지까지도 빌려다 써야 한다는 것이다.

세상은 신의 캔버스다
에덴에서 쫓겨난 인간은
행복과 불행을 안고 한 생을 살게 되었다
그곳에 자연을 선물 받았다

신은 붓을 들어
세상에다 붓놀림을 했다
지혜와 고통을 하늘이고자
별이고자 꿈을 키우는 자유를 그렸다

삶은 아프다
기쁨 뒤에 오는 알 수 없는
설렘은 저버릴 수 없는
욕망의 씨앗
그마저 먹구름으로 찍어 내는 그림

—〈신의 캔버스〉 부분

인류는 자신들의 지혜로는 풀 수 없는 수수께끼를 푸는 열쇠를 신의 손에 쥐어 주었다. 어쩌면 예술(시)은 인간과 신의 사이를 건너는 다리일는지도 모른다. "신의 캔버스"는 메타포로서 한 노년의 심상과 깊은 사유의 세계가 "기쁨 뒤에 오는 알 수 없는/ 설렘"처럼 문자화 되어있다. "신은 붓을 들어/ 세상에다 붓놀림을 했다/ 지혜와 고통을 하늘이고자/ 별이고자 꿈을 키우는 자유를 그렸다"고 이것은 자연과 사물에 대한 직선적이면서도 아주 순수한 관조와 포용에서 우러나온 것이리라.

우물 속엔 달빛으로 환하다
누군가 얼굴이 보인다
세월을 살아 온 흔적이 일렁이며
고뇌를 지나온 평온이다
인간이라 여자의 허물을 벗어
또 하나의 길을 걸어가는 등엔
초월의 날개가 펄럭인다
가파르다
가시밭길엔 돌들이 뒹굴고
한 세상 살아왔던 기쁨이
잔잔히 출렁이는 사랑의 무늬
영원히 살아갈 듯
우물 속의 달빛 얼굴

— 〈달빛 얼굴〉 전문

어머니들은 이른 새벽 아무도 쓰지 않은 우물을 길어 사발에 떠놓고 빌었었다. 우물은 여자들의 기도의 샘이고 슬픔과 기쁨, 기다림과 용서의 영약이었고 세월을 비추는 거울이었다. 서인숙 시인의 우물도 그랬을 것이다. 여자가 달밤에 우물에 가는 일은 삶의 목마름을 씻기 위해서요, 간절한 고백이 있어서일 것이다.

"인간이라 여자의 허물을 벗어/ 또 하나의 길을 걸어가는 등엔/

초월의 날개가 펄럭인다"고 참회와 새로운 삶으로의 비약을 꿈꾸기도 하고 "가시밭길엔 돌들이 뒹굴고/ 한 세상 살아왔던 기쁨이/ 잔잔히 출렁이는 사랑의 무늬"로 고난과 환희를 오버랩 시키기도 한다. 우물에 비친 달에서 자신을 떠올리는 시인의 얼굴이 빛나고 있다.

3

시인은 역사 문화의 광맥에서 글감을 캐내는 광부여야 한다. 인류가 쓰는 언어 가운데 가장 위대한 모국어를 타고난 축복과 그 의미를 확대 재생산하는 시를 써야 한다. "시인은 나라의 넋"이라는 G 그린의 말을 굳이 인용치 않더라도 모국어의 정신은 이 땅의 위대한 역사, 독창적 문화와 겨레의 삶에 뿌리를 하고 있기 때문이다.

아무리 캐내도 마르지 않는 글감의 매장량을 두고 시로 형상화하지 않는다면 그것은 스스로 시의 영역을 축소시키는 일이다. 왜 서정주인가. 그는 「삼국유사」를 비롯하여 가장 한국적인 정서를 밀도 있게 그려냈기 때문이다.

서인숙 시인은 오늘의 시인들 가운데 드물게도 고미술에 대한 사랑이 남다를 뿐 아니라 글감으로 선호하고 있다. 어쩌면 우리 문화유산에 대한 인식에서 시적 성숙도가 깊어가는 것이리라.

가을 저문 햇살 속

불쑥 내민 얼굴

청자사발이네

여름내 백자에 가렸던 푸른빛이

날개를 펴

온통 푸르게 물들이는 날
호수가 되었다고 연꽃을 피우네
고려를 넘어 온 천사백 년의 기백으로
큰일을 벌이겠다고 소리치다가
그냥 바다이고 싶다네
사발 속에 파도소리 출렁일 때
낙엽들 몰려와 오색 춤을 추네
청자사발은
빛과 빛이 부딪친 푸른 원무의
고려 만추

—〈만추사발〉 전문

내 나라의 높푸른 가을하늘을 청자 빛이라 처음 이름을 붙인 이는 누구였을까. 박종화, 김상옥 등 이 나라의 시인들은 일찍이 고려청자를 시로 빚어왔었지만 아예 우리의 가을하늘을 "청자사발"이라고 구워낸 시인은 없었다. 비취빛이라고 비색翡色이라고도 하고 불가사의의 신비한 빛깔이라고 비색秘色이라고도 하는 고려청자는 아직도 그 비밀을 풀 수 없을 만큼 고려가 낳은 도자예술의 극치일 뿐 아니라 상감기법, 문양, 형태에 있어서도 사람의 눈을 멀게 하는 황홀한 아름다움을 띄고 있다.

그런데 저 끝 간 데 모를 늦가을의 하늘을 두고 고려청자의 세계를 "사발"로 형상화시키는 솜씨는 어디서 익혀온 것일까. "여름내 백자에 가렸던 푸른빛이/날개를 펴/ 온통 푸르게 물들이는 날/ 호수가 되었다고 연꽃을 피우네"에 이르러서는 아하! 이것은 이 나라의 시인이 아니면 넘볼 수 없는 아득하고 아득한 신명의 가락이구나 하고 추임새를 넣게 된다.

시퍼렇게 멍든 사람
아프게 슬픈 얼굴이여
피 비린내 흙의 향기로 살아 온
선사시대
죽어도 죽지 않은 한 세상의 목숨이
해골로 울지 않은 울음으로 통곡한다
사랑에 목숨을 걸어도 좋은 자유를
신은 선물했다
선물은 괴롭고 아파도 사랑은
아름다워라
저 시퍼런 갈증
영원은 어디에 있는가
그립다
그리움은 강물로 흐느낀다
사랑이 죽음이 된 청동 꽃이여

—〈청동거울_ 사랑〉 전문

거울은 얼굴만 비추는 것이 아니고 마음을 비추기도 한다. 진시황이 가졌었다는 방경方鏡은 사람의 마음속까지 비추었다는 전설이 있다. 보들레르도 "제 모습을 비추어보는 마음의 거울은 흐림과 맑음의 대담對談"이라고 했다. 유리가 없었던 때 구리로 만들어 썼던 거울은 부장품으로 무덤 속에 묻혀 있다가 발굴 되어 박물관의 유물로 전시된다.

서인숙 시인은 그 녹슨 동경銅鏡에서 "아프게 슬픈 얼굴"을 찾아내고 "죽어도 죽지 않은 한 세상의 목숨이/ 해골로 울지 않은 울음으로 통곡"하는 소리를 듣는다. 그리고 그것을 "사랑에 목숨을 걸어도 좋은 자유를/ 신은 선물"한 것이라고 정의한다.

〈토기의 말〉〈첨성대〉〈석불의 반란〉〈수막새〉〈목어〉〈달항아리〉 등 이 시집에는 함부로 건드릴 수 없는 귀중한 문화재들을 글감으로 쓰고 있다. 그림이나 글씨, 조각, 도자기 등 예술작품을 시의 오브제로 삼을 때 자칫 겉모습이나 사실적 묘사에 흐르는 것을 흔히 보게 되는데 서인숙 시인은 그 대상을 뭉개버리고 자신의 시적 상상력 속에서 재구성하여 전혀 다른 또 하나의 예술품으로 창조해낸다.

이렇듯 글감의 깊이파기가 서인숙 시인이 쌓아온 시적 연륜과 더불어 날선 사유의 천착穿鑿에서 온 것임은 전편의 시에 나타나고 있다. 등단 반백년의 언어탁마로 모국어의 광채를 더 하는 이 시집에 깊은 경의를 표한다.

청동거울

지은이 · 서인숙
펴낸이 · 유재영
펴낸곳 · 동학사

1판 1쇄 · 2016년 3월 4일
출판등록 · 1987년 11월 27일 제10-149

주소 · 04083 서울 마포구 토정로53 (합정동)
전화 · 324-6130, 324-6131 | 팩스 · 324-6135
E-메일 | dhsbook@hanmail.net
홈페이지 | www.donghaksa.co.kr
www.green-home.co.kr

ISBN 978-89-7190-553-1 03810